LEGADO EN PROSA Y EN VERSO

Dios Hecho Poema

Luis Fernando Escobar

*Este libro va dedicado a Salome y Luis Guillermo,
mis hijos. A Olga, mi madre, que le dio el nombre. Y
a la santisima trinidad que lo hizo posible.*

Es un testimonio vivo y escrito, es el legado que Dios me ha entregado, y tú haces parte de él.

Con amor, Fernando.

¡Oh Señor! Del lejano horizonte. Dadnos ojos capaces de ver más allá del ocaso y del norte, la belleza que está por nacer.

ESCALERAS AL CIELO

Has de cada mirada una sonrisa;

has de cada paso un sendero;

has de cada sendero un camino;

has de cada camino, una meta;

has de cada meta un compromiso;

has de cada compromiso, una palabra;

has de cada palabra, un acto de fe;

has de cada acto de fe, una luz de esperanza;

has de cada luz de esperanza, una voz de aliento;

has de cada voz de aliento, un buen consejo;

has de cada consejo, una buena palabra;

has de cada palabra, un punto de apoyo;

has de cada punto de apoyo, un salto hacia la roca;

has de la roca: "La base de tu vida".

ESPINAS Y ROSAS

Si tu jardín lo has plantado con tus manos.

Si tu jardín lo has regado con tus lágrimas.

Si tu jardín está lleno de geranios o de rosas.

Si tu jardín está cruzado de espinas dolorosas,

Antes de recoger las rosas ofrece a Dios primero las espinas y verás que volarán sobre ellas las mariposas. Porque solo Dios cambia las espinas en rosas.

Porque solo sobre las flores se posan humildes, las hermosas mariposas.

EL LLANTO DE LOS ÁNGELES

Frente al calendario milenario del mundo, la vida solo representa un segundo. Y perdemos medio segundo, desgastándonos en malas energías. Si pudiéramos mirar más allá, en un segundo todo lo lograrías.

Pero como creemos tener todo el tiempo del mundo, a Dios lo miramos al final por una micra de segundo.

(Y el cielo reclama el tiempo perdido. Y lo lloran los ángeles).

REY DE REYES

Contra tu imperio, ni una junta de reyes

Contra tu poder, ni todos los ejércitos

Contra tu fuerza, ni una junta de bueyes

Contra tu mano, ni las espadas de ellos

Contra tu grandeza, ignorantes corazones

Y ante la majestad del cielo,

solo cuando tenemos razones,

inclinamos la cabeza y exclamamos "Padre Nuestro".

CONSTANTE GRATITUD

Soy aquel que se recrea al paso de una hormiga, al movimiento suave y decoroso de una espiga. De la polilla que amanece prendida de mi puerta, del pájaro que canta y espera una respuesta, alaba a Dios en su grandeza, una vez erguido bendiga todo lo que me rodea, hasta que al final del día pueda decir; hice mi tarea. Soy aquel que encierra en sus ojos un atardecer y agradece a Dios un nuevo amanecer y mira detenido la caída en vuelo de una hoja, levanta los ojos hacia aquella que comienza a descender. Del asustado pájaro que cambia de dirección y por ello no se enoja. Soy aquel que bendice a granel y a Dios de rodillas se lo agradece.

LOS CANTOS DEL BÚHO

Como llenan el corazón los espacios abiertos.

Como enamoran aquellos libres de ruidos.

Como me impactan los gemidos del búho.

Aquellos espacios que siempre son reales donde los luceros saltan juntos son leales.

Aquellos silencios, oscuros nocturnales donde reinarán las ranas y sus silbidos.

Donde la luz cruza puntos, por Dios escogidos.

SOLO TÚ

Dios calma todas las fieras, no les quita su fuerza. Dios pica todos los mares, pero no les resta su belleza. Dios levanta las tormentas, no le merma su fuerza. Dios creó la naturaleza y a ti y a mí, cada día nos la presta. Dios quita y pone, ya que solo él, del mundo dispone. Dios nos llena de bondades. Lo demás, no son casualidades.

PELIGROSO VACÍO

Pasan de largo los años y Dios no calla ni enmudece.

Y el final de los tiempos esta escrito, el tuyo y el mío, pero Dios permanece.

Corre una fecha que mirábamos lejana, un futuro tecnocalizado a la distancia de la mano.

Una época que asusta y hasta apesta por lo vano.

Una época donde el derecho es el revés, una época que facilita las cosas, o las complica.

Una época dorada que deslumbra y enceguece.

Un tiempo que pasa a la velocidad de la luz.

Donde el hombre, en su carrera desbocada, se estrellará ¡contra el gigante de la cruz!

AHÍ

No hay que ir muy lejos para encontrar el amor de Dios.

Allí donde fijas tu mirada en la cara de tus semejantes.

Ahí, sobre el horizonte, por debajo de las piedras, o por encima de ellas.

Ahí, en ese jarro con agua que te apuras olvidándote de la fuente. Allá en ese arco iris de colores, porque el negro... el negro, lo ha dejado para tu descanso.

NADA ES IMPOSIBLE PARA ÉL

Que enmudezcan todas las bestias.

Que deje el sol de calentar toda la tierra.

Que calle el mar en sus playas su canto.

Que consiga la luna vencer todas las sombras.

Que todos los misterios puedan ser descifrados.

Que cese el gallo su canto en las madrugadas.

Que por correr mucho no vencemos todos los afanes.

Que si tenemos en cuenta a Dios, logramos hasta lo imposible.

DIVINO MAESTRO

Sin duda eres la palabra y el mejor encuentro.

Sin duda eres el espíritu y el corazón nuestro.

Sin duda eres las palabras del padre nuestro.

Sin duda eres el camino menos expuesto.

Sin duda eres la base de nuestro comportamiento.

Sin duda eres el pan que mitiga el sufrimiento.

Sin duda eres la estrella fija e inmóvil del norte.

Sin duda eres el canto del ocaso y la puerta del horizonte.

Sin duda eres la cabecera del verde, y del monte y el sigilo, y el enigma de la selva.

Sin duda eres una mano tendida sin reserva.

LA RIQUEZA DE SU AMOR.

Sin tu amor, el verde, el verde no reverdece.

Sin su amor, la sed, no será sed sino brazas.

Con tu amor, fuente viva, las apagaría.

Sin tu amor, los hombros no pueden con la vida.

Con tu amor, todo se levanta y se olvida.

No nos enriquece el dinero, el dinero es efímero; el amor de Dios estable para siempre.

El dinero es un ídolo de barro.

El amor de Dios un ídolo de oro.

El primero se raja y quiebra bajo el sol, el segundo brilla en el cielo eternamente.

- Porque Dios es el sol y el oro –

ALABADO SEAS SEÑOR

Gracias Señor, por regalarnos una nueva mañana, por el descanso, El abrió el techo que nos cubre cada día. Alabado seas mi Señor por cada paso que damos sobre el camino, que diariamente cubrimos. Alabado seas por este hermoso día de lluvia. Porque en el agua está la vida y Tú lo eres. Alabado seas por el azul del cielo, por el que desciendes en rayos de luz, en copos de nieve o, en ráfagas de viento. Gracias por la naturaleza que nos rodea. Por la grandeza de la creación y la magistral puesta de una tarde.

Gracias Señor por el arribo del oscuro silencio que llega enmarcado en un cuadro de rutilante belleza. Gracias Dios mío por la tranquilidad que llega con ella y, la reunión familiar después de un largo día de fatiga.

Gracias Señor y alabado seas por el engaño de esa serpiente, porque nos enseña a permanecer siempre alerta. Alabadas sean en tu nombre todas las cosas

DIOS SOLO VOZ

Si tú puedes juntar el día y la noche.

Si tú puedes llenar de luz el sol y la luna.

Si tú puedes acariciarnos con el viento.

Si tú puedes pintar de color el firmamento.

Si tú puedes fastidiarnos con las patas de un insecto.

Si tú puedes vestir de fragancia una rosa.

Si tú puedes regalarnos el vuelo de una mariposa.

Si tú puedes quitarnos de nuevo las cosas.

Si tú puedes abrir y cerrar las rosas.

¿No crees tú, que vale la pena seguirlo?

DESDE LA VENTANA

Solo cuando los problemas no son problemas, sino dolor. Nos mira Dios por las ventanas escuchando ese gemido con amor. Cuando entendemos la verdad y la vida como un compromiso divino con Dios. Los problemas y el dolor son senda obligada en este camino para cada uno de nosotros. Es tan bueno y misericordioso Dios, que nos asiste en las buenas y en las malas.

Dios desde lo alto, conoce y mira nuestras penas y redime las malas, con oraciones y acciones buenas.

MARIA

Si quieres llegar al nido de María, solo levanta tus manos y sonríe.

El nido de María es más que un poema de alegría. Anidar allí, es incubar bajo su manto la fe. Ella intercede ante el altísimo y Dios concede. Su nido no es de pajas, ni sobre los tejados. Y bajo sus manos más que bendiciones hay amparos. Si levantamos el vuelo hacia el nido de María, se hará pequeño el sol y grande su alquería. Y el astro rey en el cielo para ella danza y danzaría.

El nido de María permanece en silencio.

Porque Dios a su madre y sus hijos, a su voluntad, las llevará a encontrar el nido de María. Porque la oración soporta su cargado y pesado brazo. Que por el lastre del pecado va rompiendo ese lazo. Pero María es la intercesión y el balance. Ella acorta la distancia entre Dios y nosotros. Y el extenso azul, lo deja a nuestro alcance.

AMO Y SEÑOR

Cuando la luna y el lucero cruzan juntos su brillo en el cielo, el lucero no pierde su resplandor ni tampoco la propia luna, porque Dios es la Majestad del cielo.

PUNTO Y APARTE

La vida es un signo de interrogación, que ha cada pregunta debemos tener respuesta. La vida es un signo de admiración, en la que nunca estamos en satisfacción, en lo que entre manos recibimos y adentro de la testa la vida es una coma, a veces mal puesta. La vida es una frase que, al cambiar de curso, debemos ponerle punto y coma; La vida es un punto seguido y detenernos un momento para no rodar por la loma. La vida es un punto aparte, que, al respirar hondo y profundo no da tiempo de mirar atrás.

La vida son tres puntos suspensivos sostenidos en el aire.... Dejando al azar y no somos de alguna manera previsivos. Por detenernos en por qué no cerramos el signo de interrogación. ¡Por no mirar a Dios, no abrimos los signos de admiración! Por no ir con prudencia nos equivocamos en las pausas de las comas Y, nos enredamos como frases, en las que desconocemos si es punto y coma. Pero la vida, ante todo, siempre será un punto seguido. Y el punto final lo pondrán los clarines o las lágrimas punto y aparte.

Diciembre 10 de 2012

EL CIRCULO DE LA VIDA

Todo llega a su tiempo y a su término, porque todo tiene un antes un después.

Se desprenden los hijos de sus padres, como se desprenden las ramas de los árboles. Y vuelan y saltan de su nido, porque han crecido sus alas y así Dios lo ha establecido. Y se abren como páginas de un libro que pasan y abrazan en la medida en que se han leído. Que la lectura de la vida los lleve a encontrar palabras de sabiduría, leales, sinceras, abiertas y suaves; como la salida y la puesta del sol cada día.

Y gira y gira el circulo de la vida…. porque la vida es una ruleta de fortuna. Vendrán los nietos y que sean guiados por su ejemplo hacia las manos de Dios, sus bendiciones, su amor y su ternura.

VINAGRE Y LIMÓN

Para que la alabanza y la emoción

Abran puertas de amor y bendición

Hay que dejar de lado el vinagre y el limón

Porque esa condición vuelve acida y estéril la oración.

DIOS HECHO REALIDAD

Asi como se humilla y doblega el hierro,

Ante el martillo, el yunque, y el fuego.

Asi nos moldea Dios con oración y ruego.

Asi como se inclina ante su belleza la flor,

Asi como levanta su canto el ruiseñor

Asi como se dobla la rodilla con devoción,

Asi escucha Dios con fe nuestra oración,

Asi es Dios, humilde entre nosotros.

COMO NUESTRA SOMBRA

Cuando decidimos seguir el camino de Dios,

útil y necesario es, un cesto entre las manos.

Y al paso con la lluvia descalzos avanzamos,

Y como el agua del cielo, vendrán las bendiciones.

Y en el cesto, pan, frutas y flores de colores y

reposados bajo la dulce sombra de los ciruelos

contemplamos la sencilla elegancia de las espigas.

Y caemos en cuenta que … Descalzos;

No nos hirieron ni las piedras, ni las ortigas.

Luis Fernando

HAY ALGO MUY GRANDE

Hay algo muy grande atrás de tus cosas,

Pero más grande aun, delante de ellas.

Hay algo muy grande cuando levantas tu vida

Pero más grande, cuando decides levantarla.

Hay algo muy grande en aquella alegría

Pero más grande aun, es vivir a su plenitud.

La vida es grande cuando hay fuerza en el alma

Y más grande aun, cuando pones el corazón.

Todo es más simple y más hermoso cuando

Comprometes tus pasos, palabras y acciones en

Manos de aquel que murió en la cruz.

CUANDO DIOS CAMBIO MI SUERTE

Cuando Dios cambio mi suerte,

Mi boca se cubrió de risas y mi lengua

De cantares. (Salmo 125)

Cuando Dios cambio mi suerte, mis pasos

Suben y bajan como notas musicales.

Cuando Dios cambio mi suerte, mis ojos

Se llenaron de luz de rayos celestiales.

Solo cuando Dios cambio mi suerte,

El mundo es ruido y malestares, pero cuando Dios

cambia mi suerte, mi corazón todo lo

filtra y se lo ofrece a Dios; en cantos y cantares.

ORACIÓN A LA SANTA CRUZ

Siembra y riega siempre con fe y amor y deja lo plantado, con fervor y esperanza. Que ese pequeño madero, profundo en sus raíces y benévolo en su sombra verde de esperanza, traiga los mejores frutos en tranquilidad y abundancia. Solo déjala allí y como una luna llena llegará su reflejo. Y si allí no hay luz… "la Santa Cruz", lo llenará de luz.

COMO UN GRANITO DE AZÚCAR

Si eres aquella honda que vibra pasajera y no sabes dónde, se la frecuencia de esa onda, que sintoniza el dial de la palabra de tu jardín escondido. Se el dulce que llama y atrae aquella hormiguita a tu casa llevando feliz un granito de azúcar de tu mesa. Se la actitud sumisa que alaba a Dios y enaltece su grandeza; se lo que no fuiste el año anterior, pero olvida todo lo anterior. Se siempre tú mismo, ya que es difícil tratar de ser. Porque siempre habrá críticas buenas y adversas al exterior y al interior de ti mismo. Busca fuera y dentro de ti y sabrás quién eres, cuando vayas como un granito de azúcar, en las manos del redentor, invitado a la mesa del Señor.

CAMINO SEGURO

Si caminas por el aire, no te preocupes, el aire es tu vida y ella, es tu anhelo. Si vas por las nubes, no te preocupes, en copos de algodón paseas por el cielo.

Si caminas solo, no te preocupes, la floresta y el silencio son comunión y consuelo. Si te caes de nuevo al suelo no te preocupes, tú debes y puedes levantar, de nuevo el vuelo. Cualquiera que sea tu duelo no te preocupes, él te hará buscar sin duda el camino verdadero. Solo Dios es el camino recto, lo demás son curvas en el camino.

DE PASO

Cuando deje la materia

Cuando nada sea necesario

Cuando me recoja el silencio

Cuando ocupe mi puesto, el cielo me será lejano.

ESFUERZO

Por fin entiendo lo que quiero, por fin quiero lo que entiendo.

Por fin escribo lo que siento, por fin siento lo que leo.

Por fin busco lo que no buscaba.

Por fin sigo lo que no seguía.

Por fin amo lo que no amaba

Por fin tengo la fe que no tenía

Por fin llevo a Dios en mi corazón.

SI TÚ CREES

Si tú crees que no puedes, si tu caminas y no llegas, si tu miras y no ves, si tu tratas y no consigues, si tu golpeas y no te abren, si tú puedes y no debes, si tu llegas y no hay nadie, si tu vez que puedes hacerlo, si tu consigues, compártelo con alguien. Si tu abres el corazón a Dios... florecen todos los caminos, se abren todas las puertas, se cierran todas las dudas, caen todas las barreras y se llenarán todas las fuentes.

Es una decidida entrega, y serás feliz.

PISANDO TIERRA FIRME

Aliento de vida: comienza el año (2015).

Hermosa oportunidad que nos concede el dueño de la vida; las horas y el tiempo.

¡Cuántas veces quise Señor! Y en el paréntesis de la vida nos abrimos hacia un signo de interrogación, haciéndonos talvez o quizás, la misma pregunta de años anteriores.

Y corre y avanza la vida, tras aquella mágica respuesta; que lo arreglaría todo.

Pero como materializamos aquella respuesta, caminamos sobre una negación; que termina siendo tierra movediza, que nos hunde y ahoga en un pantano de egoísmo, incertidumbre y traición.

Cuando ese Si __ Ya prendido como nuestra sombra, delante de tus pasos irreversible como el aire que respiras, como el Sol, que te sigue y se levanta llenando de luz un día mas y se pone ante tu tristeza, o tu alegría, siempre para ti y para mí, ensenándonos un despejado horizonte siempre lleno de colores.

Y esa pregunta y su respuesta,

Siempre de nuestra mano…

Sin darnos cuenta

Enero 2

UNA ORACIÓN

Señor mío y Dios mío; Ya cuando la herrumbre va deteniendo nuestros arados, en este nuevo día Señor te pido medes la fuerza para emprender mi faena y finalizar con alegría, los surcos de cada día porque a veces me falta el aliento porque la tierra cada vez se me hace más dura. Algunas barreras y obstáculos me detienen. Pero solo tu Señor puedes con mi yugo y mis cadenas llenando mis graneros de mazorcas, espigas y alegrías.

Amen

EL CAPULLO DEL VIENTO

El capullo del viento es un hermoso lugar enclavado en lo más alto del risco de una cumbre.

Guardado y escondido por el silencio, y desde el cual se podía divisar toda la tierra con praderas verdes, románticas y deliciosas que invitaban ha sentarse o correr por ellas hasta llegar y encontrar en ellas el fondo del silencio.

Y al cual solo tenían acceso las mujeres y niñas de cabellos claros y largos.

Pero por aquellas laderas vivía una morena con cuerpo de sirena, que su mayor y único deseo era divisar toda la tierra desde el capullo del viento; pero ella sabía, que eso no sería posible.

Sin embargo, se lo pedía a Dios con insistencia que le concediera el deseo de correr las praderas del capullo del viento.

Un día cualquiera se encontraba ella caminando por el bosque cuando de lo alto de un árbol se desprende una rama que le detiene su paso, y al mirar hacia arriba oye una voz que le decía "conozco tu deseo y tus angustias.

Sigue caminando por el bosque y ve hasta el fondo del valle. Allí encontraras la laguna rosada, sumérgete en lo más profundo de ella y permanece allí hasta que tus cabellos se aclaren y ondulen como las aguas."

Después de permanecer allí por mucho tiempo estuvo lista para emprender el camino que le llevaría a encontrarse con su deseo. Iva feliz, corría y saltaba como las gacelas y una vez allí cumplido su deseo, le dio cabida a su deseo, quiso retornar de nuevo hasta el fondo del valle, pero no encontró la laguna rosada.

Entonces cayendo de rodillas levantando los brazos y mirando hacia el cielo, exclamo diciendo: "Señor mío y Dios mío, gracias Señor, porque para ti, no hay nada imposible."

HACIA LA RECONCILIACIÓN

Deja las vertientes y corrientes de caminos que pueden ser muy placenteras,

Pero son salidas cortas y peligrosas,

Que no llegan ni conducen al camino verdadero.

El sendero de Cristo redentor, esta cruzado y sembrado de espinas,

Porque Dios te pulla para que lo llames y lo mires

Y Él te ofrece por cada herida más que la fragancia de una rosa.

Jesús tomo sin vacilar el camino de las espinas.

En la redención del hijo del hombre, está el amor y el perdón.

Un día Fernando se encontró en un camino vertical,

Que no era un camino, sino una muralla.

Y para derribar esa pared fue necesario la intervención de maquinaria

Pesada, dirigiendo Dios toda la operación.

Porque él sabía que hoy estaría escribiendo y cantando esta canción.

Dios nos ha entregado no solo uno, sino muchos talentos

y en la medida que recibes debes responder.

En la medida que puedas saltar, más altos serán los obstáculos.

En la medida en que tu crezcas en tu fe, más puedes lograr.

No fijes tus ojos en los obstáculos, fija tu mirada en la meta.

En la medida en que el corazón lo quiera y desee,

tu cuerpo es capaz de seguirlo así caiga lluvia, truene, o relampaguee.

En la medida en que tú puedes y quieras levantar tu frente,

más azul y despejado, será tu firmamento.

En la medida en que tu busques de Él, y leas la Santa Biblia

allí encontraras un nuevo amanecer.

Porque la palabra es la luz.

Dese la oportunidad de un bello atardecer.

Dios no ha puesto el talento en personas especiales; especiales son las que desarrollan su voluntad.

Para Dios en su infinita sabiduría a todos nos ha entregado muchos talentos en igualdad.

Dios te ha dado la capacidad de abrazar

Dios te ha dado la capacidad para escuchar

Dios te ha dado la capacidad de dirigir.

Cada bocado que tienes que tomar de cada una de tus cualidades.

Cuantas veces tu madre ha llorado lo que, por medio de Dios, ella te ha entregado.

Desarrolla una a una y te sorprenderás como vas encontrando la capacidad de generar sentimientos de igualdad.

Dios no le ha entregado a nadie nada en especial.

Somos creación divina a semejanza de la fuente infinita del Espíritu Santo.

Dios ha enfocado todos tus talentos para que encuentres en ti y en los

Demás la felicidad y la razón.

En esa comunión tu te das cada semana la oportunidad,

de crecer en un grupo de oración abriendo las puertas al transformador

talento en que se rige el misterio de la Fe.

Fe, que de la roca sacaras a martillo y cincel la más pulida estatua de ti mismo.

Pero ello necesita esa gota constante de agua que emana de la fuente de la roca,

Creciendo en ese caudal vivo y permanente que es Dios.

Fuente en abundancia de agua viva que surte todas las vertientes de tus afectos, que en honor a Dios puedes elevar a latentes la razón y el amor.

Y al final de las cosas puedes lucir tranquilo en el suelo un bello ramo de rosas, no te preocupes,

Él te ha dado las condiciones para guiar y despertar tus propios talentos.

Tú eres uno de ellos, no entierres tus talentos.

Dios devuelve el 1 x 1000 de todos tus talentos y capacidades que has multiplicado.

Desarrolla la capacidad de abrazar, y tendrás la capacidad de apreciar.

Si desarrollas el talento de apreciar, tendrás la capacidad para amar.

Si desarrollas el talento de amar, tendrás la capacidad para escuchar.

Si desarrollas el talento de escuchar, tendrás la capacidad para discernir.

Si desarrollas el talento para discernir, tendrás la capacidad para comprender.

Si desarrollas el talento para comprender, tendrás la capacidad para perdonar.

Comienza a desarrollar tu talento de cantar que has encontrado en tu grupo de oración.

Y tú canto será tan fuerte como el eco y las olas del mar anegando y cubriendo las playas de otros corazones.

Permite que el fuerte oleaje le abra paso a la razón.

Siendo Dios amor, bondad y perdón San Pablo nos dice:

"El que poco perdona poco amor entrega".

No alojes sentimientos de rabia ni de rencor contra tus semejantes, así ellos tengan la razón.

El odio es un escorpión negro escondido y peligroso.

El amor es una hermosa mariposa que va y viene.

Es más fácil perdonar así nos cueste y nos duela,

que seguir alimentando sentimientos de odio e insatisfacción.

Yo sé que duele más sacarse una muela.

El odio es el cáncer del alma y el único paliativo para ese cáncer

es encontrar el amor a Dios.

(No son palabras mías, es una experiencia vivida)

Enero 25, 2012

ESPÍRITU SANTO

Espíritu Santo, tu que eres el alma de mi alma. Tu que traes y meces con tus alas el viento, has que Tu Palabra sea fija en mi pensamiento llenando con ella el vacío y el silencio; que no sean palabras que luego se lleve el viento. Gracias por todo lo que me entregas, por todo lo que me quitas. Gracias por cada problema que encuentro y recibo, porque si no tuviera un problema, no hubiera hallado un tesoro más valioso y brillante que todo el oro.

CAMINOS

A unos les ha tocado un camino despejado, a otros uno llenos de baches, corriendo más riesgo aquel que puede ir acelerado, el otro avanza con dificultades. ¿Todos los caminos conducen al cielo y de los dos quién llegará, o podrá llegar primero?

LA SANTA BIBLIA

Para la oscuridad se hizo la luz, para las estrellas, la noche. Si tu estrella la esconden nubes blancas, o nubarrones, ve por esa lámpara que despeja todos los oscuros callejones. Si la sacudes notarás que estas en buenas condiciones. Solo cambia tu de batería y tu estrella brillará con energía, y una vez encendida puede permanecer prendida. Apaga luces innecesarias que no alumbran, ni de noche ni de día. Solo con ese rayo encontramos lo que por siempre buscamos; Porque tú estrella titila y titila sobre ti noche y día; Porque la felicidad no es esquiva para los que buscan palabras de sabiduría.

FORTUNA SIN RIESGO DE QUIEBRA

Cuando caminar en la gracia de Dios Él pone en tu camino no solo un guardián, sino Dios. Cuando corazones, mente y espíritu alaban juntos a Dios, la gracia de las bendiciones, son para ellos y vos. Y la gracia de Dios permanece a la saga de tu espalda. Ella va delante de tus pantalones o de tu falda. Y cuando no encuentres el caminar de tus pasos, Dios te levanta en sus brazos y te meces como un niño de cuna. Y ese lazo que te alaba se rompe, cuando se ora y se alaba. Y la gracia de Dios es la más rentable fortuna que heredamos por ser hijos de Dios.

UN MINUTO PARA DIOS

Arriesga su hermosa y nerviosa alegría la ardilla para tomar en sus manos una semilla cada día.

Arriesga el venado cruzar el peligroso camino para tomar del otro lado un nuevo bocado cada día.

Arriesgan los pichones la seguridad de su nido para saltar dudosos al incierto vacío.

Arriesga la araña, descolgar y caer, en un pájaro pico, para extender de nuevo su mágica telaraña, cada día.

Arriesga la lluvia sus cristalinas gotas de agua, para formar luego parte del sucio e incómodo barro cada día.

Arriesga la noche su oscuro y estrellado cielo, para caer en los coletazos traicioneros de su propio relámpago cada noche.

Arriesga el gallo su vigoroso y hermoso canto, permaneciendo allí mientras bendices una nueva mañana cada día.

Arriesgarías tú un minuto de tu valioso tiempo y darle gracias a Dios... ¿Por tanta riqueza y abundancia que te rodea y en la cual amaneces cada día?

Gracias Señor por el agua, gracias Señor por el aire, por el techo que nos cubre y, por el reparador descanso de la noche.

Alabado seas Señor, en toda tu grandeza.

MISIVA

Gracias Dios mío, me ha enseñado a ser agradecido, a encontrar en las cosas simples la bondad de tu majestad, a apreciar en ellas lo divino. Cuántas veces Señor me has hecho hincar la rodilla para elevar una oración, o levantar un niño. Cuántas veces me has permitido tomar los alimentos que llevo a mi boca, porque es tu voluntad. Cuántas veces me has llamado Señor y en medio de la fatiga y la tristeza te he ignorado Señor. Cuántas veces me has dejado sumido y distraído en el fondo, sin encontrar el abismo. Cuántas veces tiene que volar un ave y escuchar su canto o su lamento y, saber que ahí estas, Señor. Cuántas veces de ti he dudado y sin embargo, corro vigoroso por tus playas. Cuántas veces me senté frente al mar y siempre fueron los mejores momentos, los más explayados, tranquilos y abiertos. Gracias Señor por tanta maravilla y tanto color. Ahora entiendo por qué respiro y por qué veo y escucho en el silencio la grandeza de las cosas. Arriba y abajo, a un lado y otro.

EL AMOR DE DIOS

El amor de Dios está al tacto de tus dedos, es el iris y la pupila de tus ojos. El amor de Dios son aquellas circunstancias adversas y a veces pasajeras de la vida. El amor de Dios son todas aquellas vivencias simples e incomprendidas que nutren la vida. El vela tus sueños y tus desvelos. Es grande y poderoso como el sol, fuerte como el dolor, bello como la luna, cercano como tu sangre, y seguido como tu respiro.

CERQUITA DEL CIELO

Donde conviven y brillan los astros. Allá donde pernota la luna y canta. Allá donde se fraguan todos los misterios. Allá, en el más allá, donde este globo gira.

Cerquita del cielo, donde parecen llevar y sostenidos como adultos maduros y callados los gigantescos nudos de agua. Donde las nubes a su paso ocultan el sol, o dejan brillar para nuestro gozo las estrellas. Cerquita del cielo, años luz de distancia, baja Dios y nos abre los ojos en un instante para encontrar de nuevo todas las cosas.

TESTIMONIO

Gracias Señor por este día lluvioso, tan necesario y conveniente como un día de sol, tan bello como un concierto de violines, porque el agua canta y salta, como los querubines. Porque el amarillo clama por el verde y el verde reverdece. Porque Dios ampara y humedece los corazones secos.

NO BASTA

No basta con decir yo creo y tengo fe.

No basta una oración, implorar o agradecer.

No basta, hay que estar siempre y permanecer.

No basta con alzar los brazos y alabar, si arrastramos los pies por el fango.

No basta con ir a misa, si salimos de prisa e ignoramos lo que dijo el evangelio.

Es más que un compromiso, es algo más serio.

No basta un abrazo, hay que anudar ese lazo con la familia, tus semejantes y la caridad hacia ellos.

PARÁBOLA DE UNA CANCIÓN

Inspirado por "Un Barquito de Papel" – Leonardo Fabio

Somos navegantes sobre las aguas,

Y caminantes de paso,

Y pasajeros comprometidos

En el paréntesis del tiempo

Somos tripulantes a bordo de un mismo barco:

      algunos bajan primero, otros después:

      algunos le dan la vuelta al mundo

otros se quedan en el primer puerto.

Siendo pasajeros a bordo,

Hagamos caso del crucero, al menos,

Un viaje que sea placentero.

Si eres un barquito de papel

Y estas por naufragar,

No tengas miedo que, a tu lado,

Navega un barco de gran calado:

Es una elegante embarcación de mucho tonelaje.

Allí encontraras todo lo que necesitas,

Todo lo que quieras y más,

Donde puedes abrir aquella pesada maleta,

Llena de imposibles y tirarla,

Cuando vaya lejos en alta mar;

Viviendo tu viaje en la proa,

En la popa o en lo alto del mástil;

acariciando el aire, el silencio y el elocuente paisaje;

Cruzando aguas profundas de manera pasiva y gentil ...

Enfrentando luego peligrosos y huracanados vientos.

Inesperadas tormentas desatadas con nudos de marinos,

Que abofetean y mecen el buque de lado a lado, de proa a popa.

Pero, al momento, puede recuperar su balance, porque Dios

esta en medio del temporal y él te da abrigo equilibrio y

Tranquilidad...

Y como Dios es ternura y amor, seguridad y largueza,

Él ha entregado la capitanía del barco a tu responsabilidad;

Y has de saber que el casco de ese portentoso crucero

esta hecho, fabricado y ensamblado sobre doscientos

Millones de células suficientes como para cruzar el océano.

Dios tiene la fuerza para mantenerlo a flote, setenta veces siete,

Doscientos millones de células en la cresta de sus olas ...

AQUÍ, UNAS PALABRAS DE INVITACIÓN Y ALIENTO:

Frecuenta y estudia la Guía y, allí, en el Manual

encontraras todos los instrumentos:

La brújula, los mapas, los puertos y las rotas, y te llevara

a buen término este emprendido crucero.

Al final, esta encendida para ti la luz potente de un faro,

Que te indica que estas llegando …

Esta en letras dorados, el Norte, siendo más visible para ti

No hay disculpas, Todo está escrito.

No faltes a los cursos de cada ocho días, y escudriña el Libro de la Sabiduría.

Siguen asistiendo, querida amiga, y tu querido amigo

al grupo de oración;

Porque si tú estás, ellos también estarán.

Tu alegras con tu presencia este recinto,

Y ellos llenan el ambiente con la Palabra.

Tu asistencia asegura la existencia de nuestro grupo

para hacerlo fuerte y comprometido.

Ellos donan su tiempo para que tu encuentres

La verdad de la Palabra.

Y tú encuentras también si ofreces un poco de tiempo.

Evangelicemos, divulguemos la Palabra y hagamos correr

La voz de la fe, para que todos participemos del encuentro,

Que Dios bendiga a todas las asociaciones de mundo

Dedicadas a la oración piadosa.

Particularmente pidamos por el fortalecimiento del nuestro,

Y que componemos tú, ella, el, ellos, yo, los músicos,

Y el infantil y hermoso coro de aquellas despreocupada e

Inquietas voces de vuestros hijos.

Y muchos más serán parte integral y fundamental de esa

roca angular de presentes y lejanos grupos de oración,

Cuando tú y yo hayamos abandonado el barco.

En este año que comienza, hagamos de los problemas y dificulta-
des

Una enseña para llenar con ella, todos los vacíos.

Hagamos de la escasez la abundancia, porque Dios es abundancia

La abundancia permanece. Hagamos de la soledad una oración;

Retira de tu mente las cosas que no tienes.

Enfócate en la expresión divina de Dios.

Si vas por el camino de Dios, no te alejes de tu sendero

Porque estas en el camino verdadero.

Dios son todas las cosas y tus cosas.

Dios no nos entrega nada malo, nos entrega fuertes enseñanzas.

Si tu deseo es vivir una vida abundante y cómoda,

no te alejes de la vera formidable de Cristo Rey.

Sigue optimista cargando tu cruz; Un día terminaremos
prendidos de ella.

Dándole gracias a Dios por cada segundo, que uno a uno,

Van venciendo la carrera de este mundo.

Porque nunca sabemos si estamos más lejos o más cerca.

"La constancia vence, lo que la dicha no alcanza." – Dicho popular

Démosle gracias a Dios por todo lo que tenemos.

Por todo lo que hemos logrado y por todo lo que hemos perdido.

Por ese ser querido que se fue.

Por el que vino y con su presencia alegra nuestra existencia,

Dándole gracias a Dios, por nuestras manos, por nuestros pies

por la luz que llega a nuestros ojos, por aquella que no nos deja ver.

Démosle gracias a Dios, por el movimiento, por la risa y la angustia.

Por el silbido del viento, en la soledad de tu retiro.

Démosle gracias a Dios por cada día y cada noche bajo el remanso tranquilo del silencio.

El tiene para ti un gran espacio; donde puedes correr, libre como el viento,

Saltar y cantar como el agua, arder de devoción como el fuego

Y sentirse fresco como el aire.

Disfrutar de toda su viña y sembrar allí todas tus esperanzas,

Es un lugar libre de huracanes, protegido de tormentas,

Vivas fuentes de agua pura, bondadoso sol y buenos tiempos.

Pero llegar allí, nos cuesta y tendremos la cosecha asegurada.

Porque encontramos un elevado precio para lo que hayamos sembrado

Y recoge al mismo precio todo lo que se ha perdido.

Pero tienes que ser un buen administrador de todos los bienes,

Que se te han entregado.

Porque tarde que temprano tendremos que rendirle cuentas.

Febrero 21, 2011

EL CAMINO DE LA VIDA

Un testimonio vivo, vivido y escrito.

Navegando aguas profundas o sumergido en la profundidad de ellas.

Viajando como las nubes y tan libre como ellas.

Corriendo por las playas, o contando estrellas.

Entre mares y venires, entre ríos y risas.

Entre amigos y queridas.

Escalando las cumbres o, descendiendo por ellas.

Sorprendido por la selva o, por praderas inundadas de roció;

O quizás suspendido o viviendo en el vacío.

Y mientras rompía y plantaba la tierra conmigo, fieles canes de primavera.

Siempre reconociendo a Dios de cerca, pero viviendo lejos de Él.

Nunca había disfrutado tanto y gratis las contadas horas de mi vida.

Como conocer, meditar, compartir y entender los senderos que conducen

A la oración la alabanza, el perdón y las palabras de Sabiduría.

Y en el momento más crítico y azaroso de mi vida,

los médicos abren brutalmente mi cabeza y luego Dios abriría mis ojos

Y avanzo dichoso en medio de una bondadosa corte de ángeles hermosa

Como una puesta de sol.

Septiembre 5 2015

DEFENDIENDO LA VIDA

Esta es la historia de un hombre o más bien de un hombrecillo, que vivió una vida como de fábula, con un nombre sonoro, como un juguete. Se llamo o se llamaba, Venancio Volando Vuelvas. Este personaje supo hacer de su medio en el que creció una vida muy singular como salida de un cuento de hadas.

Sus ancestros y antepasados, padres y abuelos, fueron expertos pasteleros por tradición y años. Un día cualquiera estando Venacio pequeño aun paso por su casa su abuelo materno el señor Volare Vuelvas para llevarlo a su pastelería y regalarle de cumpleaños un pastel y el niño brincaba de alegría porque no se la creía, al oír que el abuelo le decía.

Venacio hijo mío, escoge un pastelillo el que le guste, grito de emoción y sus ojos, saltaban más que sus piernas. Y después de varias vueltas se detuvo ante uno y lo cogió, al verlo el abuelo, le pregunto.

Venancio, entre tantos pasteles, que viste de especial en ese pastelillo?

Y el niño le respondió, "Abuelito, porque en este pastel encontré esta abejita que estaba atrapada sin poderse librar de la roja gelatina y yo no quiero que por culpa de este pastel se mueran las abejitas. Y aquella abejita liberada del pastel determina y marco para siempre su vida que ya por tradición traía un corazón puro y blanco como la harina, dulce y rojo como el azúcar de aquella gelatina.

Y por familia y herencia, Venancio Volando Vuelvas continuo con el arte de hacer pasteles.

Pero Venancio Volando Vuelvas marco la diferencia, la pastelería de Venancio vivía llena de niños y siempre una fiesta, porque siempre, había un cumpleaños que celebrar y las abejitas tenían un rincón especial y el permanecía disfrazado de abejita porque era un hombre gordito de cara dulce y bajito.

Y la abejita como lo llamaban padres y niños ya por cariño, fue tomando características de ternura y sonrisa hacia todos los niños, muy especialmente por los niños diferentes, que al verlos sonreír con el pastelillo en su mano…

Daban gracias con sus ojitos.

Ya todas las parejas, mujeres y niñas que a su paso por la pastelería, les decías: "Si tienen un hijo les regalo un pastelillo".

Venancio se paseaba con su disfraz por caminos, festivales y carnavales, negocios y tiendas y en medio del bullicio y campanitas, la abejita se hacía presente endulzando la alegría de todos los niños.

Su forma de ser, lo llevo a considerar y ha amasar una inmensa fortuna; porque las pastelerías de Venancio se multiplicaron como abejas y se abrían por todas partes y siempre estuvieron llenas de niños y padres reclamando el prometido pastelillo. Y el logo de la abejita trascendió fronteras y donde se establecía la abejita nunca se oyó ni se dijo que se sacara o se interrumpiera el camino, de los niños que venían en camino y por valles, cerros y llanuras, a lo largo de ríos y quebradas, siempre resonó el eco de las carcajadas alegres e inocentes de una traviesa o travieso chiquillo.

Porque tan solo el amor de un hombre hiciera posible y visible sobre caminos y negocios algo que se podía leer a la distancia: Dile si al amor. Dile si a la vida. Dile no al aborto. ¡Y la inmensa fortuna de Venancio Volando Vuelvas, voló haciendo nidos sobre casas y fundaciones para niños discapacitados y madres solteras donde se dijo que NO!

Y en aquellos lugares, la misericordia divina, reino con abundancia para siempre.

Y el día de la muerte de la abejita, sobre su tumba, se posó un enjambre de abejas, tan alto como visible, de todos los rincones de la tierra y los ojos del mundo se levantaron al verla y entre lágrimas; el mundo exclamo a una sola voz.

Venancio, volando vuelvas.

Luis Fernando E.

10 · 25 · 2015

A MIS 57 AÑOS

Cuando escribes y rayas en la paleta, crudos y tristes desengaños.

Porque la vida nos tira y nos tira más años, para ir acumulando en una vieja maleta, errores y logros al paso de los años.

Y dejar perdido como el eco su grito y recoger como el mar, en sus playas su equipaje.

Y partir hacia aquel mundo, que nadie ha descrito y esconder en las sombras todo mi bagaje y leerles a ellas…

"todos mis escritos".

AFTERWORD

Testimonio de Luis Fernando Escobar

Fue una experiencia real, fuerte, vivida, compartida. Después de ocho años de trabajo estable en la empresa, me llamaron y me suspendieron porque estaba manifestando unas ausencias cerebrales, de las cuales mi ser no percibía ni sentir. Todos los que trabajaban allí estaban enterados menos yo, los últimos fueron mis hijos. Un Día de la Madre, compartiendo juntos en el comedor, fueron testigos de esa extraña condición, similar a un ataque de epilepsia. Y estos ataques ya se me presentaban con mas frecuencia e intensidad día y noche, ya nadie dormía. Mi vida ya no era ni sería la misma.

Vino la evaluación médica que dio como resultado un tumor del tamaño de una pequeña moneda. Y poco a poco, el mismo cerebro iba retro alimentando ese pequeño tumor que iba creciendo. Mientras cumplía una cita en el hospital para conocer el resultado de un encefalograma, me encontraba totalmente perdido. Me hicieron seguir inmediatamente con mi señora y mis hijos, y el doctor les dijo que el
tumor estaba es tan grande que no resistiría otra ausencia. Fui remitido de inmediato por urgencias ya que el tumor estaba a punto de matarme por asfixia. Pero Dios, en su infinita misericordia, y después de dos años buscando un seguro médico, una semana antes de entrar por urgencias, nos sale un seguro de salud.

¡Alabado sea Dios!

Después de permanecer por treinta días en el Memorial Hospital de Morristown, se presentaron al frente de mi cama cuatro doctores, hablaban entre ellos y me miraban como bicho raro y pensaba: Esto está difícil. Al paso de unos minutos que fueron eternos para mí, se acerca una enfermera y me dice textualmente: "Usted tiene un tumor encima de la oreja derecha de siete centímetros de diámetro, eso es más grande que una pelota de tenis". Se retiraron los médicos y acto seguido soy trasladado hacia el Hospital Centro de Cáncer de Summit, NJ. Dios tiene un propósito pues me recibieron las manos del mejor neurocirujano de los Estados Unidos (Doctor B) con oficina en Morristown. Cuando llegó la hora de firmar lo que había que firmar, se presenta en mi cuarto el cirujano y nos dice lo siguiente, ni palabras más ni palabras menos: "Es una cirugía de muy alto riesgo por el tamaño del tumor. Lo más seguro es que pierda la memoria" ... (y yo acostado) ... "Lo más seguro es que quede ciego o sordo. Lo más seguro es que pierda el movimiento del lado izquierdo, o quede parapléjico, o ...muera en la cirugía".
Con esa aterradora lista de seguros, llegó una mujer muy simpática, se presenta y me dice: "Yo soy su anestesióloga" y ella me saca en una camilla. Ya camino al quirófano le dije a mi señora: "No te preocupes que por esta misma puerta salgo caminando." Si me lo hubieran permitido, tenía la fuerza de haberlo hecho por la gracia de Dios.

Fui operado el 11 de marzo de 2010 y el médico informa a la familia: "Mueve las manos, mueve los pies y habla." Esa noche la pase en la sala de cuidados intensivos solo con el suero y al amanecer del día fui llevado al cuarto común y corriente. Allí estaba con la cabeza cubierta porque no resistía ni la luz de un fósforo. Luego me llevaron comida y entonces pude comer todo, yo sólo.

Nota: El Párroco de la Iglesia Santa Margarita, Padre Hernán Arrias, se presentó en mi cuarto para ungirme con el aceite de los enfermos. Preguntó a los encargados: "¿A Fernando, cuando lo operan?" Le dicen Padre ya fue operado. "¿Cómo que ya fue operado?" Si Padre y come y habla. "¡No, yo tengo que hacer como Santo Tomas, ver para creer!" y retiró la toalla que cubría mi cabeza y en voz alto dijo: "¡Esto es un milagro de Dios, para la Gloria de Dios!"

El 18 de marzo, fecha de mi cumpleaños número 55, a los 8 días fui dado de alta del hospital, o sea, que cumplí años estando en mi propia casa con unos requisitos muy simples. Ya en casa pude afeitarme y bañarme sólo. Tenía prohibido hablar por celular. Tengo once hermanos de sangre, ¿quién no pasa el teléfono si por la gracia de Dios estaba vivo y entero, en casa...como si nada? ¡Bendito sea Dios!

La escritura la recuperé pronto. Leer, me tomó un año. Cuando el neurocirujano me retiro los puntos de mi cabeza (17 grapas uniendo el hueso), al terminar me dijo: "Usted ha perdido la mitad de su cerebro." Él no lo creía y yo menos. En mi historial clínico dice que yo he perdido el lóbulo derecho del cerebro. Ese espacio vacío permanece lleno por una substancia especial para sostener el lóbulo izquierdo para que no se desprenda.

Mi recuperación física fue mejorando, pero emocionalmente caí en una espiral negativa, ya que al año me quedé solo. Y al final, sin compañía...mis hijos estudiando y trabajando en New York, todo sumado al rompimiento del matrimonio. Toqué fondo, pero después de muchas lágrimas vino el gozo. Las lágrimas, como el agua, nos purifican. Y en mi corazón brotaron y crecieron retoños nuevos.

Y después de todo, brotaron como una flor. ¿Por qué abriendo como una flor? Porque sólo, pude valerme de mí mismo y atender mis propios asuntos, lavar y doblar mi ropa, cocinar mi propia comida (ya que nunca perdí el buen apetito), limpiar la casa, cortar el césped, limpiar el jardín y atender un gran número de visitas ofreciéndoles café. Gracia a todos ellos.

Volví al grupo de oración al que asistía todos los viernes en la Parroquia de Santa Margarita. Mi primer testimonio fue: "Yo no perdí la mitad de mi cerebro, yo recuperé la mitad de mi cerebro que lo tenía perdido."

Después de operado, se destapó una vena lírica que yo traía profunda, rica y secreta. Y en las noches siempre, a las 2, 3 ó 4 de la madrugada, me despertaba una palabra o una frase. Y fluía un poema que recitaba en la iglesia, ante mis amigos y desconocidos porque mis poemas se quedaban grabados en mi memoria. ¡Gloria a Dios! Y levanto mis ojos hacia los montes, de donde me vendrá el auxilio, ese auxilio del que hizo el cielo y la tierra.

-Dios Hecho Poema- creció como retoño nuevo ante Dios, mis hijos, mi familia, mis amigos, en mi corazón, y ante ti que lo lees. Gracias te doy. Y va listo mi 2º. Libro, Reflexiones de un Poeta Perdido en el Tiempo."